◆印は不明確な年号、ころの意味です。

文化	世界の動き	西暦
760 『万葉集』が編集される	755 唐＝安史の乱	750
788 最澄、比叡山延暦寺を開く		
797 『続日本紀』		
798 坂上田村麻呂、清水寺を創建		
805 最澄、天台宗を伝える		800
806 空海、真言宗を伝える		
816 空海、金剛峯寺を開く		
828 空海、綜芸種智院を創立		
841 『日本後記』	843 フランク王国3分割	
853 円珍、唐にわたる		
869 『続日本後記』		
	875 唐＝黄巣の乱	
900 ◆『竹取物語』『伊勢物語』		900
905 紀貫之『古今和歌集』を編さん	907 唐、滅亡	
920 小野道風、昇殿を許される		
935 ◆紀貫之『土佐日記』		
940 『将門記』	962 神聖ローマ帝国成立	
985 源信『往生要集』	979 宋、中国を統一	
1000 ◆清少納言『枕草子』		1000
1004 ◆『和泉式部日記』		
1010 ◆『紫式部日記』		
1011 ◆紫式部『源氏物語』		
1020 藤原道長、法成寺無量寿院をつくる		
1021 藤原道長、『御堂関白記』	1037 セルジューク朝おこる	
1030 ◆『栄華物語』		
1053 平等院鳳凰堂完成	1054 カトリック教会分裂	
	1096 第1回十字軍	
1105 藤原清衡、中尊寺建立を発願		1100

目　次

藤原道長	文・大塚夏生 絵・岩本暁顕	6
紫式部	文・浜　祥子 絵・鮎川　万	20

大伴家持	文 有吉忠行　絵 福田トシオ	34
桓武天皇	文 有吉忠行　絵 福田トシオ	36
坂上田村麻呂	文 有吉忠行　絵 福田トシオ	38
最　澄	文 有吉忠行　絵 福田トシオ	40
空　海	文 有吉忠行　絵 福田トシオ	42
菅原道真	文 有吉忠行　絵 福田トシオ	44
紀貫之	文 有吉忠行　絵 福田トシオ	46
小野道風	文 有吉忠行　絵 福田トシオ	48
平将門	文 有吉忠行　絵 福田トシオ	50
源　信	文 有吉忠行　絵 福田トシオ	52
清少納言	文 有吉忠行　絵 福田トシオ	54
藤原頼通	文 有吉忠行　絵 福田トシオ	56
源義家	文 有吉忠行　絵 福田トシオ	58
鳥羽僧正	文 有吉忠行　絵 福田トシオ	60
読書の手びき	文 子ども文化研究所	62

せかい伝記図書館 20

藤原道長
紫式部

藤原道長
ふじわらのみちなが

（966—1027）

幸運にめぐまれて藤原氏の全盛をきずき、はなやかな平安時代をつくりだした貴族政治家。

● 勇気をほめられた少年時代

　天皇にかわって、摂政や関白が政治をおこなうことを摂関政治といいます。藤原氏は、長いあいだ、この摂政と関白の地位を独占してきました。なかでも藤原道長は、とくに大きな政治権力をにぎって、藤原氏をたいへん栄えさせた人です。

　道長は、幼いときから、勇かんで、ものごとを最後までなしとげる強い性格だったといわれています。17、8歳のころに、こんな話が残っています。

　ある夏の夜のことです。若い貴族たちが集められ、天皇から勇気をためされることになりました。だれもいない暗やみのなかを、大極殿（儀式をおこなうところ）まで行ってくるのです。

　死者のたたりや、かい物がいることが信じられていた

ころです。そのうえ、はげしい雨がふっていました。
　最初に出かけたのは、道長と、兄の道隆、道兼でした。3人は、雨にぬれながら、ぶきみなやみのなかを1歩1歩進んで行きました。
　ゴオーッ。とつぜん、遠くの方で強い風の音がしました。すると、1番年上の道隆が、その音をなにかの叫び声に聞きまちがえて、いちもくさんに逃げだしました。
　道長と道兼は、勇気をふるって先へ進みました。やがて大きな木の近くまできたとき、こんどは、道兼が逃げだしてしまいました。風雨に吹きつけられ大きくゆれ動く木のすがたが、まるで、かい物のように見えたのです。

残ったのは、道長だけです。
「おれは、ぜったいに逃げだしはしないぞ」
　ひとりで大極殿へたどりついた道長は、刀で、柱をすこしけずりとって、ひきあげました。
　つぎの日、ほかの若者が大極殿へ行って、道長のもち帰った切れ端を柱のきずにあてると、ぴったりです。
　道長は、天皇にたいへんほめられ、その勇かんさが貴族のあいだに知れわたったということです。

●たびかさなった幸運

　道長は、平安時代の中ごろに、藤原兼家の五男として生まれました。兼家は、摂政の位まで出世した貴族です。
　5人兄弟の1番下に生まれた道長は、天皇にほめられるほどの勇気はあっても、高い位への出世の道はとざされていました。藤原氏のあとをつぐのは長男と決められ、出世も年の順だったからです。
　藤原氏の威光で、25歳のときに権大納言の位まであがった道長は、もうこれで、すっかり満足していました。
　ところが、それから数年のうちに、自分もおどろくほどの出世をしてしまいました。運のいいぐうぜんがかさなって、右大臣、左大臣にまでのぼったのです。
　幸運のきっかけは、父の兼家が亡くなったことから始

まりました。大極殿で1番に逃げた道隆が、父のあとをついで摂政の位につきました。しかし、道隆は、いつも大酒におぼれ、ひょうばんがよくありませんでした。

　摂政として、幼い天皇にかわって政治をおこなってきた道隆は、やがて、天皇の成人にともなって、天皇の政治を助ける関白になりました。でも、大酒がもとで病気になり、じっさいの仕事を息子の伊周にまかせているうちに、都の周辺に広がったえき病で死んでしまいました。

　道隆の死ご、天皇から新しく関白を命じられたのは、大極殿で2番めに逃げだした道兼でした。伊周が関白になるのだろうと思っていた道兼は、よろこびました。

しかし、道兼のよろこびは、長くつづきませんでした。関白の位についた７日ごに、やはり、えき病で死んでしまったのです。道兼ばかりではありません。朝廷の位の高い貴族たちも、次つぎに亡くなり、さいわいえき病にかからなかった道長が、いつのまにか、貴族のなかでもっとも力のあるひとりになっていました。
「わたしが関白になれるかもしれない」
　権大納言で満足していたはずの道長の心に、権力者への野心がもえはじめたのは、このときからです。

● 姉にたのんで関白の道へ

　このとき、関白の位をねらっている貴族が、もうひとりいました。内大臣の伊周です。しかも、伊周の位は、道長よりも上です。そのうえ、伊周の妹の定子は一条天皇の妻になっていました。
「関白は、わたしに決まっている。父が病気のときに、関白の仕事をしたこともある。天皇にも好かれている」
　伊周は、自信まんまんでした。
　いっぽう、道長も負けてはいません。会う人ごとに、自分の宣伝をしました。
「若い伊周には、天皇を助けて国の政治をすすめる力はない。わたしのほうこそ、関白にふさわしい」

　道長には、子どものころから仲のよかった、詮子という姉がいました。詮子は、一条天皇の母です。道長は、この姉に力ぞえをたのみました。
　詮子は、天皇に会うと、道長を関白にするようにいいました。天皇は、なかなかしょうちしません。
「天皇のためを思っている母のいうことが、どうして、おききになれないのですか」
　道長は、とうとうこんな強いことを、姉にいわせました。きびしく追いつめられた天皇は、もう、母のたのみをことわることができません。ついに道長を、内覧という、関白の代理の位につけました。関白の道兼が亡くなっ

て、わずか3日のちのことでした。

関白の位には、だれもついていませんでしたから、たとえ代理でも、道長が関白になったのと同じです。このとき道長は29歳でした。

出世あらそいに勝った道長は、初めは権大納言で満足していたことなどすっかり忘れて、よろこびました。しかし、くやしさをおさえきれなかったのは伊周です。

朝廷の会議で顔をあわせた道長と伊周は、ささいなことから大議論になり、あやうく、つかみあいのけんかになりそうになったこともありました。道長の家来と、伊周の弟の隆家の家来が、刀をぬいて切りあい、道長の家来が弓で射殺されるさわぎも起こりました。

道長と伊周の対立は、はげしくなるばかりです。天皇も貴族たちも、困りはててしまいました。

●ぐうぜんに消えたじゃまもの

966年、道長に、またも幸運がころがりこみました。

このころ伊周は、ある屋敷の三の君とよばれる女性に恋をしていました。三の君には、四の君という妹がいました。そして、その四の君には、花山法皇がひそかに恋をしていました。

伊周は、法皇がたびたび屋敷をおとずれるのを見て、

法皇も三の君に恋をしているのだと思いこんでしまいました。心配になった伊周は、弟の隆家に相談しました。すると隆家は、ある夜、法皇をまちぶせして、家来に矢を射させました。もちろん本気ではありませんでした。法皇をおどして、三の君への恋をあきらめさせようとしたのです。

　しかし、まえは天皇であった花山法皇に矢を射たのですから、そのままではすみません。伊周兄弟はきびしい罪に問われ、伊周は筑前国（福岡県）の大宰府へ、隆家は出雲国（島根県）へ、流されてしまいました。

「伊周は、ばかなことをしたものだ」

道長は、このようにして自分は何もしないうちに、もっともおそれていた伊周を、しりぞけることができました。もう、じゃまをするものはいません。このときから、道長のはなやかな時代が始まりました。

　でも、道長は、伊周と隆家をそのままにはしませんでした。天皇にねがいでて、およそ１年ごには、ふたりの罪をゆるしてもらい、伊周には内大臣だったときと同じような生活ができるようにしてやりました。また、隆家も、もとの中納言の位にもどしてやりました。

　都の人びとは、道長のやさしい心に感心しました。しかし、道長が、ほんとうにやさしい心だけで、ふたりをすくってやったのかどうかは、わかりません。道長は、かしこい政治家でしたから、伊周たちを見殺しにしてしまうよりも助けてやったほうが、自分のためになると計算したのかもしれません。

●藤原氏の栄えることを願って

　関白の代理をつとめながら、左大臣の位にまでのぼりつめた道長には、もう、だれもさからうものはいなくなりました。

　ところが、道長の野心は、さらにふくれあがりました。「せっかく手にすることができた地位と権力を、自分の

代だけで終わらせるのはつまらない。子や孫の代にもひきつがせるように、しっかり土台をきずいておこう」

藤原氏が、いつまでも栄えることを考えたのです。

自分の娘を天皇のもとへとつがせて、生まれた子どもを次の天皇の位につかせ、自分が天皇の祖父として朝廷の権力をにぎることを外戚政治といいます。この時代に、貴族が自分たち一族の権力を長くたもつには、これがいちばんよい方法でした。

5人の娘をもっていた道長が、外戚に目をつけたのはとうぜんです。まずはじめに、11歳になったばかりの長女の彰子を、すでに妻の定子がいる一条天皇に強引に

つかえさせました。
　数年ご、一条天皇が病気で亡くなると、道長の姉である超子の産んだ子どもが、三条天皇となりました。すると、道長は、こんどは次女の妍子を、三条天皇につかえさせました。
　三条天皇は、道長と気があいませんでした。そのためわずか４年で、位を後一条天皇にゆずってしまいました。後一条天皇は、道長の長女彰子の産んだ子どもです。
　道長は、ついに天皇の祖父になり、外戚政治をおこなうことになりました。そして、わずか８歳で天皇の位についた後一条天皇を助ける摂政の位につき、自分の思いどおりの政治をすすめるようになりました。そのうえ、２年ごには、三女の威子までも、後一条天皇のきさきにしてしまいました。
「わたしは、50歳をすぎてしまったが、もう、これで安心だ。藤原一族が栄えることはまちがいない」
　道長は、着かざった貴族たちを屋敷に集めて、にぎやかなえん会を開き、こみあげてくるよろこびを和歌によみました。

　　この世をばわが世とぞ思ふ望月の
　　　　　欠けたることもなしと思へば
　（この世は、わたしのものだ。満月のように、わた

し　にも欠けたところがないのだから)

　心のおごった歌でしたが、道長の権力をおそれる貴族たちは、口をそろえて、この歌をほめたたえました。

●死後も極楽浄土をもとめて

　1017年、51歳になった道長は、摂政の位を長男の頼通にゆずりました。そして、自分は太政大臣となって頼通のおこなう政治を助けました。

　しかし、しだいに病気がちの毎日がつづくようになり、53歳のときには、すべての政治からはなれ出家して僧になりました。この世で、まるで極楽のような生活をし

てきた道長は、つぎの世でも、極楽浄土に生まれることをねがったのだ、といわれています。
　出家してまもなく、道長は、京の都に法成寺を建てました。そして、境内に目もくらむばかりの阿弥陀堂を建て、自分も法成寺のなかで生活するようになりました。美しい阿弥陀堂のなかは、まるで、極楽のようだったとつたえられています。道長は、この阿弥陀堂で手をあわせつづけました。
　ところが、59歳になったころから、なみだがかわくひまもないほどの不幸がおとずれました。天皇にとつがせていた3人の娘が、次つぎに亡くなったのです。
　道長が、阿弥陀堂のなかで息をひきとったのは、それからまもなくでした。
　若いころは天皇に勇気をほめられ、そののちは、はげしい権力争いに勝って天下を支配するほどの力をふるった道長も、娘たちが死んでいくときは「わたしも死にたい」と、声をだして泣いたということです。
　道長は、ただ権力だけをもとめて生涯を終えたのではありません。貴族として学問もあり、芸術も愛しました。32歳から55歳まで書きつづけた『御堂関白記』は、藤原氏が最も栄えた時代をつたえる日記として有名です。
　平安時代は、藤原氏が栄えたと同じように、日本独特

の美術、文学、宗教などが大きく花開いた、はなやかな時代でした。漢字から、ひらがなが考えだされて『枕草子』『源氏物語』などの名作も書き残されました。貴族たちは、寝殿造という新しい形の屋敷に住み、和歌をよみ音楽をかなでて、いかにも貴族らしい生活を楽しみました。位の高い貴族の女性が十二単というきらびやかな着物を身につけていたのも、この時代です。

　しかし、そのかげには、満足に食べることさえできない貧しい人びとが、たくさんいました。法成寺を建てるときは、土地や仕事をとりあげられた農民たちが、泣きながらはたらいたということです。

紫式部
むらさきしきぶ
（生没年不明）

すばらしい文才に恵まれ、宮廷生活を鮮やかに描いた世界最古の長編『源氏物語』の作者。

● 学問好きの父と子

　いまからおよそ1000年ほどまえの平安時代のなかば、京都に藤原為時という人がいました。朝廷につとめる役人で、身分はひくいけれど、たいへん学問のできる人でした。為時は妻を失ってからというもの、おさない子たちのゆくすえが気になってしかたがありません。
「子どもたちには、せめて学問だけはしっかり身につけさせたいものだ」
　為時は、しごとをおえて朝廷からもどってくると、むすこの惟規に漢文の読みかたを教えました。
　まいにち夕方になると、本を読む惟規の元気な声がおくのへやから聞こえてきます。
　本といっても、中国のえらい学者が書いた『史記』という歴史の書物です。むずかしい漢字ばかりの文ですか

ら、なかなかうまくは読めません。とまどうたびに父が手本を示して、ゆっくり読んできかせます。
　ある日、朗読のけいこをおえた父と子がへやを出てくると、おかっぱ頭の女の子が、ろうかにちょこんと座っていました。
「なんだ、おまえ、こんなところで何をしておる？」
「おにいさまのおけいこを聞いておりました」
「ハハハハ、おまえがか？」
　まだ人形遊びがにあいそうな7歳ぐらいの少女です。為時がわらうのも無理はありません。
「あら、おとうさま……じゃあ、きょうのところを、わ

たし、いってみましょうか」

　わらっている父と兄のまえで、少女は目をつむると、『史記』の暗唱をはじめました。おさない口もとから次つぎに出てくることばがあまりにも正確なので、聞いているふたりはわらってなどいられなくなりました。

「どこでそんなにおぼえたのか」

「だって、まいにちここで聞いていましたもの」

（この子が男の子だったら、きっと立派な学者になれるだろうに……）

　為時は、わがむすめの頭に手をおいて、心からそう思いました。

●物語へのあこがれ

　少女のほんとうの名はわかりません。おとなになると藤式部とよばれるようになりました。父の為時が式部省のしごとをしていたので、式部省にいる藤原氏のむすめという意味があったのでしょう。この時代には、よほど身分が高くないかぎり、女の人の名まえは問題にされなかったのです。女はめだってはいけないものとされ、漢文の書物も男だけの読みものでした。

　ところが、漢字のくずし字から「ひらがな」が生み出されると、かんたんなかな文字は女性のあいだに、もの

すごい勢いで広まりました。貴族の女たちは、かな文字で和歌を作り、少しずつ自分の気持ちを文字に表現することをおぼえていきました。

　ひらがなで書かれた日本ではじめての物語に『竹取物語』があります。竹から生まれたかぐや姫が、やがて月の世界にかえっていく話はよく知られています。

　本の大好きな式部は『竹取物語』をくりかえしくりかえし読みました。そして、そのたびに大きなためいきをつくのです。

「この物語のおしまいがいやだわ。月の世界にかえってしまうなんて。わたしは、もっとわたしたちのまわりに

ありそうなお話がよみたいわ」
『伊勢物語』は、男の人が、いろんな女の人となかよくなったり別れたりする歌物語です。式部は、これにも満足できません。
「ひとつひとつの話があまり短すぎますもの」
　本を読むと、式部はその感想を手紙に書いて友だちに送りました。父親のしごとのつごうで遠く九州へいった友や結婚して京都をはなれていった友と、こうして手紙のやりとりをすることが式部のいちばんの楽しみでした。

● 父の心配

　はたちを過ぎたころ、こんどは式部が京の都をはなれる日がやってきました。為時が越前（いまの福井県）の役人になったので、父の身のまわりの世話のためについていくことになったのです。
「おまえも、ますます結婚から遠のいてしまうなあ」
　はたちを過ぎてもまだひとりものの女性は、そのころではめずらしいことでした。為時は、式部を越前につれていくことに胸をいためていました。
　式部を本の好きな子に育てたのは為時です。でも、本にばかり夢中で、年ごろになっても男の人に少しも関心を示さない娘に、父親の方があせってしまいます。

　しかし、それはよけいな心配でした。越前につくやいなや、式部のところに都からひんぱんに手紙がくるようになったのです。藤原宣孝という男の人からの結婚申しこみの手紙でした。

●つかのまのしあわせ

　つぎの年、父をひとり越前に残して、式部は京都に帰ってきました。藤原宣孝と結婚するためです。
　宣孝は式部より20も年上でした。式部と同じくらいの子どももいました。しかし、とても気が若くて大らかな人です。有能な役人として朝廷にもみとめられていま

した。歌を作るのがとくいでしたので式部と心がかよいあったのでしょう。

　内気でもの静かだった式部も、結婚してずいぶん明るくなりました。けんかをしたり、おたがいの心をたしかめあうために歌のやりとりをしたりしながら、親子ほども年のちがう夫婦のしあわせな1年がまたたくまに過ぎていきました。

　つぎの年に女の子が生まれ、賢子と名づけました。
　式部の名がわかっていないのに、この女の子の名がわかっているのは、のちに賢子が天皇の乳母になり、従三位という高い位についたからです。

　この賢子がまだ2歳にならない春に、とつぜんの不幸が母子におそいかかりました。宣孝がそのころ流行していた病気にかかり急死してしまったのです。結婚してわずか2年半というときでした。式部の悲しみはどんなでしたでしょう。そのときのせつない気持ちは、つぎの歌によくあらわれています。

　　消えぬ間の身をも知る知る朝顔の
　　　　　　露とあらそふ世をなげくかな
　（人間はいつ死ぬかわからないものだとは、よくよくわかっているつもりですが、朝顔に宿る露のように人のいのちがはかないなんて、とても悲しい）

●平安貴族のくらし

　式部の生まれ育った平安時代というのは、貴族中心の世の中です。貴族の頂点にいる天皇家となんとかして結びつき、政治の実権をにぎろうとする貴族たちがみにくい争いをくりかえしていました。そのなかから頭をもたげてきたのが藤原道長の一族です。道長は兄の道隆が死ぬとチャンス到来とばかりに、自分のむすめ彰子を一条天皇の2ばんめのきさきにしました。1ばんめのきさき定子は道隆のむすめですが、道隆がなくなると力を失い、間もなく病気になって死んでしまいます。

定子が皇后だったとき、清少納言というとても才能のある女性が宮中に仕え、定子の学問の相手をしていました。日本ではじめての随筆『枕草子』を書いた人として有名ですが、そのころは、とにかく頭のきれる才女として貴族のあいだで知らない人がないくらいでした。
　あまりに評判が高かったので、文学のことには自信のある式部がしゃくにさわったのも無理はありません。
　式部はずっとあとになって日記にこう書いています。
「清少納言という人は本当にいばった人です。知ったかぶりをして漢字を書き散らしたりしているけど、よくみるとまだまだ知識不足です。人より少しでも先に出ようとばかり思っている人は見苦しく、いずれそういう人はだめになるでしょう」
　式部がこんなふうに目のかたきにしなければならなかったほど、清少納言という人は、当時としてはきわだってすぐれた人だったのでしょう。
　彰子をきさきにすることに成功した道長が、つぎに考えたことは、清少納言いじょうの女性を彰子に仕えさせることでした。その道長の目にとまったのが藤式部です。
「何やら物語を書いているそうじゃが、そんな女性ならきさきの相手をりっぱにつとめてくれるだろう。為時のむすめならまちがいない……」

●まよいと決心

　宮廷に仕えることは、何よりめいよなことでした。
　しかし、式部の心はしぶりました。もともと目立つことのきらいな式部です。清少納言のように人前で知識をひけらかすようなことはとてもできません。家の中にひきこもって空想をめぐらし、物語を書いていることが、式部の心をいちばんみたしてくれるのです。
「わたしの書いた物語に、いろいろ感想をいってきてくれる友だちは、わたしが宮廷にあがるなどと知ったら、もう、たよりもくれなくなってしまうかもしれない……」

しかし、いまをときめく左大臣、藤原道長のたのみをことわるわけにはいきません。式部は重い心をひきずって宮廷に入りました。そのときの歌です。

　　身の憂さは心のうちに慕ひきて
　　　　　　いま九重ぞ思ひ乱るる

　（重くしずんだ気持ちは、宮中にきたいまもずっとわたしにつきまとい、心はいっそう乱れるばかりです）

　かわいいさかりの賢子を実家に残し、きらびやかな宮廷に足をふみ入れたとき、式部の年は30なかばでした。

●光源氏の物語

　美しい皇子として生まれた光源氏という男の人が、運命の波間をただよいながら、いろんな女性とめぐり合い別れていく物語——これが式部の書いていたお話です。

　たった2年半しかいっしょに暮らせなかった宣孝へのせつない気持ちが、主人公の光源氏へとそそがれていたのかもしれません。

　宮仕えがはじまってからも、夜になるとしょく台に灯をともして『源氏物語』は書きすすめられていきました。

　宮廷の生活になじめない式部は、ますます無口になり、まわりのようすをじっとみつめていることがおおくなりました。そして、夜になると、まるでせきを切ったよう

に物語や日記に筆を走らせるのです。
　光源氏は空想の人ですが、そこに起こるさまざまなできごとは、まるでほんとうのことのように思えました。物語を読んだ人びとは光源氏に拍手を送ったり、はらはらしたりしながら『源氏物語』にすっかりとりつかれてしまいました。
　ある日、式部のへやをのぞいてこう言った人がいます。
「紫さんはいませんか」
　物語のなかで、若紫という美しい姫君の出てくるところが、とても評判になっていました。それで作者の式部を「紫さん」とよんだのです。

いつしか式部は、紫式部といわれるようになりました。
またあるとき『源氏物語』を読んだ一条天皇が感心していいました。
「紫式部は、なかなか学問もできる人だな。『日本紀』などもちゃんと読んでおるようじゃ」
　このころ、漢字だけで書かれている古い歴史の本を読めるという女性は、とてもめずらしいことだったのです。この話は、たちまち宮廷じゅうに広がりました。そして、ひごろ式部の人気をねたんでいる宮仕えのひとりがいいふらしたのです。
「紫式部じゃなくて、日本紀のつぼねとよびましょうよ。まるで男みたいで、あの人らしいじゃない」
　式部の心は暗くなりました。今まで、びょうぶに書いてある漢詩も読めないふりをしてきたし、一という文字も漢字なのだからと書かないようにつとめてきたのです。
　式部は、宮廷でのくらしがつくづくいやになりました。

●名作は時代をこえて

　父の為時は、もうずいぶん年老いていました。しかし一家のくらしをささえるために、まだつとめをやめるわけにはいきません。こんどは、越後（いまの新潟県）の役人として、遠い雪国にひとり旅立っていきました。

　病気がちだった兄の惟規は、父のあとを追って越後にいき、そこで帰らぬ人になってしまいました。歌人としてみとめられはじめていた矢先のことでした。

「かわいそうなおにいさま……これからは、おにいさまのぶんも、おとうさまにせいいっぱいつくさなければ」

　そう決心して宮廷をしりぞいた式部でしたが、父と賢子を残して、間もなく亡くなってしまいます。宮仕えの苦労がいちどにでてきたのでしょうか。

　それから今日までに1000年もの月日が流れました。

　紫式部の書いた『源氏物語』は、いつの時代にも多くの人に愛読され、日本文学の最高傑作として輝いています。

大伴家持（718 ころ―785）

　奈良時代の歌人、大伴家持は、718年ころ、のちに大納言の位にまでのぼり歌人としてもすぐれていた大伴旅人の子として生まれました。祖父も、大納言をつとめた貴族でした。
　名門貴族のあととりとしてかわいがられた家持は、10歳のころ、大宰帥に任命された父といっしょに、筑紫（北九州）の大宰府へくだりました。筑紫には、やはり都からくだってきていた山上憶良をはじめ、なん人もの名高い歌人がいました。
　家持は、やさしい父、心美しい歌人たちに囲まれ、のどかな筑紫の野を眺めながら、和歌をよむ心を育てていきました。家持には、生涯のうちでこのときが、いちばん幸福だったのかもしれません。
　数年ののちに都へもどると、まもなく父を失い、やがて、父のあとをついで朝廷へつかえるようになりました。貴公子の家持は、おおくの女性にしたわれ、また自分も燃えるような恋をして、たくさんの恋の歌を作りました。
　28歳のころ、越中守に任命されて北陸へくだりました。都を遠くはなれた雪深い越中（富山県）での暮らしは、さみしくてしかたのないものでした。でも、この越中での5年間が、家持を歌人として大きく成長させました。さみしさに打ちかつために、柿本人麻呂や山上憶良らの歌を学びながら、歌日記をつけ、越中の美しい自然と都をしのぶ自分の心を深くみつめた和歌を、よみつづけたのです。
　751年、家持は都へもどってきました。ところが、越中で夢にまで見た都は、藤原氏だけが栄えて、大伴氏の一族が出世

できる道など、何も残されてはいませんでした。
　家持は、大伴氏がとだえていくことをなげき、人間の悲しみや苦しみを歌にして、自分をなぐさめました。
　このとき家持が都にとどまったのは、7年たらずでした。そののちの家持は、因幡国(鳥取県)、薩摩国(鹿児島県)、相模国(神奈川県)などの国守をつとめ、最後は、蝦夷をおさめる鎮守府の将軍として東北へおもむき、785年に、その東北の地でさみしく生涯を終えてしまいました。しかも、死ごになって、長岡京をつくる指揮をしていた藤原種継が暗殺された事件にかかわっていたと疑われ、官位を取りあげられてしまいました。
　衰えつつある大伴氏のなかで、いくつもの困難に出会った家持は、貴族としてはたいへん不幸でした。でも『万葉集』には、480首ちかくの歌が収められ、歌人として名を残しました。
　この『万葉集』は、家持がまとめたものだといわれています。

桓武天皇（737―806）

いまの京都市に、794年から1869年までの1100年ちかくのあいだ、日本の都として平安京がおかれていました。この平安京を開いたのが桓武天皇です。

桓武天皇は、光仁天皇の皇子として生まれ、山部王とよばれました。しかし、初めは、天皇のあとをつぐ皇太子にはなれませんでした。母が渡来人の子孫で、じゅんすいの日本人ではなかったからです。

ところが、皇太子の他戸親王が朝廷を追われる事件が起こり、山部王は36歳で皇太子になりました。そして8年ごに、天皇の位についたのです。

桓武天皇は、才能のある人びとを重く用いて、ちつじょのととのった正しい政治を、力強く進めていきました。

「貴族や僧が自分の財産をふやすことばかり考え、国の政治が乱れている。都を移し、心をいれかえて新しい政治を始めよう」

天皇になって4年めの784年には、都を、それまでの大和国（奈良）の平城京から山背国（京都）の長岡京へ移して、新しい都づくりを始めました。でも、およそ8年ごには、この長岡京の建設を中止してしまいました。都をつくる指揮をしていた藤原種継の暗殺、その暗殺事件にかかわっていたと疑われた、天皇の弟の早良親王の自殺、そのうえ、早良親王のたたりのように皇族の不幸や悪い病気の流行がつづいたからです。

793年、桓武天皇は平安京を新しい都に定めて、ふたたび大きな都市づくりを始めました。そして、翌年には早くも都を移し、それからおよそ10年、くる日もくる日も、宮殿、寺院、

町、道路などの建設を進めました。
　平安京をととのえながら、桓武天皇は、もうひとつ、大きな事業にとりくみました。そのころ東北地方では、むかしからそこに住む蝦夷が、朝廷にはむかって反乱を起こしていました。日本の統一を願った天皇は、3度にわたって軍勢を送り、3度めには坂上田村麻呂を征夷大将軍に任命して、蝦夷を討たせたのです。
　しかし、桓武天皇は、805年には、都づくりも蝦夷との戦いも、やめてしまいました。
「国の大事業にかりだされるのは、いつも農民たちです。農民たちが国のぎせいになって苦しんでいます」
　貴族の藤原緒嗣がこのように訴えると、天皇は、その忠告をすなおに聞き入れたのだといわれています。桓武天皇が亡くなったのは、こうして事業を中止した、つぎの年でした。

坂上田村麻呂 (758—811)

　8世紀の終わりころまで、東北地方にむかしから住む人びとは蝦夷とよばれ、この蝦夷は、ときどき反乱を起こして、日本を統一しようとする朝廷を困らせていました。
　朝廷は、その東北に秋田城や多賀城をきずいて、蝦夷をおさえようとしました。しかし蝦夷は、朝廷へのはむかいを、やめようとはしませんでした。
　坂上田村麻呂は、この蝦夷を討った、平安時代の武将です。
「見あげるほどの大きなからだ。鷹のようなするどい目。黄金のひげにおおわれたあご。にらめば猛獣もたちまちたおれ、笑えば赤ん坊もなついた」
　このように伝えられている田村麻呂は、中国からの渡来人の子孫でした。
　田村麻呂が、桓武天皇の命令で初めて東北へ向かったのは、33歳のときでした。大伴弟麻呂を征東大使にすえ、田村麻呂は副使として、蝦夷との戦いに加わったのです。
「5年まえには、5万の兵を向けながら負けている。こんどこそ、おまえたちの力で蝦夷をしずめてくるのだ」
　田村麻呂は、天皇のことばを胸にしまって、兵を進めました。戦いは、それまでにない大勝利でした。しかし、まだ蝦夷を完全にしたがえたわけではありませんでした。
　801年、田村麻呂は、ふたたび大軍をひきいて、東北へ進軍しました。こんどは副使ではありません。征東大使の名を改めて新しく任命された征夷大将軍です。
　戦いのうまい田村麻呂が攻めてくると知って、蝦夷軍は、北

へ北へ逃げました。しかし、田村麻呂はどこまでも追いつづけて敵の大将を捕えました。そして、秋田城と多賀城のほかに胆沢城と志波城を新しくきずいて、蝦夷の反乱に目を光らせるようにしました。

　桓武天皇は、こうして蝦夷がしずまったのを、どれほどよろこんだかしれません。都へ帰った田村麻呂は、朝廷のすべての軍を指揮する長官から正三位へ進み、さらに、大納言の位にまでのぼりました。

　「死んだのちも朝廷を守る、わしが死んだら都が見えるところに、武将のすがたで立ったままうめてくれ」

　田村麻呂は、881年に53歳で世を去りましたが、この遺言のとおり、その亡きがらは棺を立ててほうむられたということです。死ご、田村麻呂は戦いの神さまとあがめられ、征夷大将軍のよび名は、そののち武士の最高の位となりました。

最 澄 (767—822)

　都へつづく国分寺の前の道を、さまざまな人が通ります。家来をつれた人や、きれいに着飾った人にまじって、やせほそったからだに重い荷を背負った貧しい農民がいます。つかれはてて道ばたにうずくまる人もいます。病人もいます。
「人間は、どうしてこんなに不平等なんだろう」
　国分寺で修行しながら、その光景を見て、いつも心を痛めている若い僧がいました。この僧が、のちに、比叡山の延暦寺に天台宗をひらいた最澄です。
　最澄は、767年に、近江国（滋賀県）で生まれました。父の三津首百枝は、中国から日本へやってきた渡来人の子孫でした。
　百枝は、自分の家を寺にかえてしまうほど、仏教を深く信仰していました。そのため、最澄もしぜんに僧への道を進み、11歳のときに髪をそって国分寺へ入ったのです。
　最澄は、18歳のときに東大寺で、一人前の僧になりました。ところが、だれもが、大きな寺へ入って早く地位の高い僧になろうとするのに、最澄は比叡山にこもって、修行を始めました。国分寺の前の道で見た光景が忘れられず、そのうえ、自分のためだけに祈ろうとする僧たちのすがたが、疑問でしかたがなかったからです。
　それから、およそ10年、最澄は草ぶきの小さな堂で一心に仏の道をさぐり、794年に桓武天皇が都を平安京に移したころには、最澄の名は朝廷でも知られるようになりました。
　804年、空海とともに、朝廷がさしむける遣唐船に乗って唐へわたりました。そして天台宗を学び、1年ののちにたくさ

んの経文をかかえて帰国した最澄は、桓武天皇に願いでて、ふたたび比叡山へ入り、ここに日本の天台宗を開きました。このとき最澄は39歳でした。
「仏教を心から信仰すれば、だれでも平等に仏になれます」
　最澄は、この教えをかかげて、天台宗を広め始めました。ところが、最澄に理解が深かった桓武天皇が亡くなると、生きているあいだ仏につかえて、死ご、自分だけが仏になることを考えている僧たちに、反対されるようになりました。
「仏教にたいせつなのは、仏につかえる形式ではない。心だ」
　最澄は、このように叫んで、古い考えの僧たちと論争をつづけました。しかし論争が終わらないうちに、55歳で亡くなってしまいました。死のまぎわ、弟子たちに「自分の利益のために仏につかえてはならぬ」と遺言したということです。死ご44年すぎた866年に、朝廷から伝教大師の号がおくられました。

空海 (774—835)

　弘法大師の名でしたしまれている空海は、774年に、讃岐国(香川県)で生まれました。父は豪族でした。
　空海は、少年時代から神童だとさわがれるほどかしこく、14歳のころから都へでて儒教を学んだのち、17歳で、官吏になるための大学へ入りました。
　ところが、自分の出世と利益のために学問をすることが、しだいにつまらなくなり、やがて、大学をやめると四国の山やまをめぐって修行をつみ、19歳で僧になってしまいました。儒教、道教、仏教の3つを学びくらべた空海は、すべての人びとが幸福になれる世の中をつくるためには、仏教に生きる道こそ最高だと信じるようになったのです。
　僧になっても大きな寺へは行かずに、ひとりで修行と学問をつづけていた空海は、804年に、最澄とともに遣唐船で唐の国へ渡りました。そして「いっしょうけんめいに祈れば、生きたままでも仏になれる」と教える密教を学んで、およそ2年のちに日本へ帰ってきました。
「仏教は、苦しんでいる人びとのためにあるのです。心から信仰すれば、だれでも救われます」
　唐からもどり、仏の道をやさしく説いた空海は、中国の密教を広めるために真言宗を開きました。809年に即位した嵯峨天皇ともまじわりが深くなり、816年には、許しをえて高野山に金剛峯寺を建てて、真言宗の修行場としました。
　空海は、唐から帰っておよそ10年のあいだは、天台宗を開いた7歳年上の最澄としたしくしました。しかし、しだいに仏

教に対する考えがくい違うようになり、高野山にのぼったころには、きっぱりと別れてしまいました。

　仏教をきわめるだけではなく、はば広い学問を身につけ、さらに民衆を深く愛した空海は、全国を歩いて社会のためにも力をつくしました。47歳のときには郷里の讃岐国へ行って、洪水でこわれた満濃池の堤防を、土地の人びとといっしょになって修理しました。また、54歳のときには、京都に綜芸種智院という学校を建てて、身分の高いものにかぎらず、だれにでも学問を学べるようにしました。

　空海は、835年に、61歳で亡くなり、死ご86年たった921年に、朝廷から弘法大師の号がおくられました。空海は、文芸の道にもすぐれ、とくに書道は、この時代の三筆のひとりとたたえられたほどでした。「弘法にも筆のあやまり」「弘法筆をえらばず」などのことばが残っているのは、そのためです。

菅原道真 (845—903)

　名高い学者の家に生まれた菅原道真は、すでに10歳のころから漢詩を作り、自分も一流の学者になることを心に決めて成長しました。少年時代は、友だちと語る時間も惜しんで、勉強にはげんだということです。18歳で、漢詩や歴史を学ぶ文章生という学生になり、25歳で、役人になるための最高の試験に合格して、役人をつとめながら学問の道を進むようになりました。

　32歳のとき、朝廷の人事をつかさどる式部省の次官に任命され、学者としても、最高の文章博士になりました。ところが、あまりにも早い出世を、おおくの学者たちにねたまれ、つらい思いをしなければなりませんでした。また、朝廷で勢力をのばしてきた藤原氏の権力におされて、政治家としても、いろいろ苦労がたえませんでした。

　866年、道真は讃岐守に任じられて四国へわたりました。都で育った道真には、地方の生活はさみしくてしかたがありません。詩や歌を作って心をなぐさめながら、毎日をすごしました。

　4年ののち京都へもどってくると、まもなく、わがままな藤原氏をにくんでいた宇多天皇から、大臣の位につぐ参議にとりたてられました。道真が藤原氏に負けない政治の力をふるってくれることを、期待されたのです。894年には、それまで260年もつづいてきた遣唐使が道真の意見で中止されるほど、道真は天皇に深く信用されていました。

　899年、54歳の道真は、2年まえに天皇の位を醍醐天皇にゆずっていた宇多上皇の力で、右大臣の位にまでのぼりつめました。学者が大臣になったのは、奈良時代の貴族だった吉備真

備いらい、133年ぶりのことでした。
　しかし、道真の運命は、右大臣になったことで、かえってかたむいてしまいました。
　道真をにくんでいた左大臣の藤原時平が、醍醐天皇に「道真は自分の血すじのものを天皇の位につけようとしています」と、告げたからです。道真が、そんなことを考えていたかどうか、事実はわかりません。でも、天皇に疑われた道真は、右大臣から地方の役人に位をさげられ、九州の大宰府へ行くことを命じられてしまいました。罪人が島流しにされたのと同じです。
　大宰府での道真は、都をしのんで悲しい歌をよむうちに、からだも弱り、2年ごに58歳の生涯を閉じてしまいました。
　朝廷は、のちに道真の罪をゆるし、京都の北野に天満宮を建てて、その霊をなぐさめました。これが、学問の神として信仰されるようになった、天満宮のおこりです。

紀　貫之 (868ころ―945)

　天皇、または天皇の位をゆずった上皇、あるいは位をゆずったのちに出家した法皇たちの命令で作られた和歌集が、平安時代から室町時代にいたるまでのあいだに21あります。これが勅撰和歌集とよばれるものです。

　紀貫之は、その勅撰和歌集のうち、いちばん初めの『古今和歌集』を中心になって作った、平安時代初めの歌人です。

　紀氏は、古くから名の知れた武人の家がらでした。しかし貫之の父の時代には、勢いをのばし始めた藤原氏の力におされて、すっかり落ちぶれていました。そこで貫之は、若いころから、役人として出世することはあきらめて、歌人になるための勉強にはげみました。

　20歳のころには、歌人貫之の名は朝廷でも知られるようになりました。やがて醍醐天皇から『古今和歌集』の歌を選ぶ歌人のひとりに任命されたときは、まだ30歳をいくつかすぎたばかりでした。

　貫之は、紀友則、凡河内躬恒、壬生忠岑と力を合わせて、およそ8年のちに、その時代までの無数の和歌のなかから120数人の歌人がよんだ約1100首の歌を選び、全部で20巻の『古今和歌集』を完成しました。また、古い歌のなかから、すぐれたものを選びだしただけではなく、和歌集の序文をしるし、和歌のおこりや歴史、それに歌の解説を書き残して、のちの歌論の基礎をつくりました。また、貫之の歌は、全体の約1割にあたる102首がおさめられました。

　この和歌集を作りあげた貫之は、宮中の第1の歌人となりま

した。ところが、歌人としての名は高まっても役人の地位はあいかわらず低く、60歳ころから5年ちかくのあいだは四国の土佐国（高知県）へ下って、地方の役人暮らしのさみしさにたえなければなりませんでした。

　しかし、貫之は任務をぶじに果たしました。そして、都へ帰ってくると、もうひとつ、すぐれたことをなしとげました。土佐を船出して都へ着くまでの50数日間の旅を『土佐日記』としてまとめたのです。

　『土佐日記』は、日本で初めてかな書きで書かれた日記でした。そのころ、男の書く文章はみな漢字漢文で、ひらがなは女の人しか使っていませんでした。「男の書く日記というものを書いてみた」と女の立場で書かれた形を取り、59首の和歌をもりこんだこの作品は、歴史に残るすぐれた日記文学のひとつに数えられています。

小野道風 (894—966)

　ある日、道風が、ふと柳の下を見ると、1匹のカエルが、たれさがった枝に飛びつこうとしていました。カエルは、飛びあがっては落ち、落ちては飛びあがりました。失敗しても失敗しても、あきらめません。そして、しだいに高く飛べるようになったと思うと、ついに成功しました。道風は、心をうたれ、それまで自分の努力がたりなかったことを反省して、やがて、すばらしい書家になりました。

　この話は、伝説です。でも、道風が、自分の心の弱さにうち勝ってこそはじめて、歴史に残る書家になることができたことを、おもしろく伝えています。

　道風は、聖徳太子の時代に遣隋使として中国へわたった小野妹子の子孫です。平安時代中ごろの894年に尾張国（愛知県）で生まれ、966年に72歳で亡くなるまで、醍醐、朱雀、村上の3人の天皇に役人としてつかえました。

　しかし、先祖がどんなに血筋の正しい家がらでも、道風は、役人としては出世できませんでした。そのころの朝廷では天皇家とつながりをもつ藤原氏が政治の権力をにぎり、藤原氏以外の人びとは、たとえ家がらがよくても、才能があっても、人いちばい努力をしても、高い位にはのぼれなかったのです。

「よし、役人がだめなら、だれにも負けない書家になろう」

　役人になるとまもなく、幼いころから筆を持つことがすきだった道風は、書家として身をたてることを決心しました。そして、なんどもくじけそうになるのをのり越えて、30歳には、もう日本一といわれるほどの書家になっていました。

　道風が32歳になった926年に、奈良興福寺の寛建という僧が日本を代表する書を持って唐へわたりましたが、それは、道風が書いた巻物だったということです。
　道風は、宮廷の書家として、天皇が命令を伝える勅書や、宮中のびょうぶを飾る詩の文字などを、おおく書きました。また、書を習う人びとのために、いくつもの手本の巻物を書きました。
　しかし、いまは、『屏風土代』という、びょうぶの詩の下書きや『智証大師諡号勅書』と題する天皇のことばを伝えたものを除くと、道風の書とはっきりしているものは、ほとんど残っていません。
　道風は、それまでの中国ふうのかたい書からぬけだして、やわらかい日本独特の美しさをもつ書をつくりだしました。そして、のちには、藤原佐理、藤原行成とともに、平安の三蹟とたたえられるようになりました。

平 将門 (?―940)

　10世紀はじめの関東に、桓武天皇の血すじをひく平氏が、豪族として力をのばしはじめていました。平将門は、その平氏の一族平良将の子として生まれました。良将は、蝦夷をおさえるためにおかれた鎮守府の将軍でした。

　将門は、少年時代に京都へのぼって、貴族の藤原氏につかえました。将来、強い権力をもつために、朝廷からおくられる高い官位がほしかったからです。

　ところが、10数年ごに、望むような官位をもらえないまま、すでに父が亡くなった故郷へ帰ってみると、思いもかけないことになっていました。将門が父からゆずりうけた領地を、おじの国香、良兼、良正が自分たちのものにしていたのです。

　将門は、領地を返してくれるように、何度もおじたちにたのみました。でも、おじたちは、なんの返事もしないばかりか、将門が新しく土地をひらこうとすることにも妨害を加え、さらには、大軍をひきいて攻めたててきました。

「いくらおじとはいえ、もう、がまんならない」

　将門は立ちあがりました。初めは不意をつかれて苦戦でした。しかし、にくしみをもやして兵をたてなおすと、おじたちの連合軍を一挙にやぶり、国香を殺してしまいました。

　そののちも良兼、良正との戦いはつづきましたが、将門はことごとくうちやぶり、35歳のころには関東一の武将として、おそれられるようになりました。

　939年、将門を、悪い運命へひきずり込む事件がおこりました。朝廷の政治に不満をいだく常陸国（茨城県）の藤原玄明

をかくまい、国の役所の国府を攻めて焼きはらったのです。しかも、勢いにのって、下野国(栃木県)から相模国(神奈川県)、駿河国(静岡県)へと勢力をのばし、やがて下総国(茨城県)に城をきずいて「わたしは新皇だ」と名のったからたまりません。
「将門は、朝廷にはむかう国賊だ。ただちに討ってしまえ」
　朝廷は、藤原忠文を征夷大将軍に任命して、将門を討つ軍を関東にさしむけてきました。
　将門は、下総に陣をしいて敵をまちうけました。ところが、忠文の軍がやってくるまえに、兵を休めているところを国香の子の貞盛らの兵におそわれ、将門は頭に矢をうけて、あっけない最期をとげてしまいました。天下をとるほどの野望にもえていた将門は、このとき、まだ40歳にもなっていませんでした。
　同じころ瀬戸内海でおこった藤原純友の反乱と、将門の、この関東での争いをあわせて、承平・天慶の乱といいます。

源信 (942—1017)

　源信が、まだ15歳のころ、仏教を深く学んでいることがみとめられて朝廷へまねかれ、法華経の講義をしてたくさんのほうびをもらいました。源信は、その喜びを母へ伝えました。すると、母からの返事には、きびしいことばがつづられていました。
「あなたの名が高まるのを望んではいません。修行をつみ、世を救えるりっぱな僧になってくれることだけを願っています」
　源信は、母のこのことばに心をうたれ、そののちは自分の欲望を捨てて、修行ひとすじにうちこんだということです。
　源信は、浄土教を広めた、平安時代中ごろの僧です。942年に大和国(奈良県)で生まれると、7歳で父を亡くし、その父の遺言で9歳のとき比叡山にのぼり、延暦寺の僧良源の弟子になりました。生まれつきすぐれた才能をもっていた源信は、またたくまに山のような仏教の本を読みつくしました。そして、まだ10歳をすぎて数年もたたないうちに、その名は朝廷にまでとどき、僧としての出世の道は大きくひらかれました。
　しかし、ここで母からの手紙が源信の歩む道をかえさせたのです。母のいましめで心を入れかえなかったら、たとえ地位の高い僧になることはできても、のちの世まで名僧とたたえられるようには、ならなかったかもしれません。
　そののちの源信は、延暦寺の北の恵心院にこもって、一心に、仏の道をさぐりました。源信が恵心僧都とよばれるのは、ここで修行と勉強にはげんだからです。
　985年、43歳の源信は、全部で3巻の『往生要集』という本を著わしました。それは数限りないお経の本から、地獄と極

楽のありさまを示したところをぬきだして、極楽浄土に生まれかわることのありがたさを説き、その極楽浄土へ行くためには、なぜ念仏をとなえなければならないのか、また、念仏はどのようにとなえるのがよいのかを教えたものです。
「ひたすらに念仏をとなえれば、だれでも極楽へ行ける」
　貴族も民衆も、この教えにとびつきました。また、この『往生要集』は中国へもおくられて、宋の人びともすぐれた内容におどろき、源信をうやまったということです。
　62歳のときには、朝廷から権少僧都の位がおくられましたが、栄誉をのぞむ気持ちはなく、その位は朝廷へ返しました。源信は『往生要集』のほかにも、人を極楽へみちびく本をいくつも書いて、75歳で生涯を終えました。そののちの鎌倉時代には浄土教がさかんになりましたが、そのもとになったのは『往生要集』でした。

清少納言（生没年不明）

　『枕草子』は、『源氏物語』とならんで平安文学を代表する作品です。作者の清少納言は、紫式部と同じように歌人の娘であり、中宮にも仕えていました。しかし、ふたりの性格は陽と陰にたとえられるほどまったく正反対であったといわれます。
　清少納言の本名はわかっていません。清原元輔の娘なので、清原の１字をとって清少納言とよばれたのでしょう。父の元輔、曽祖父の深養父とともに歌人としてもすぐれた仕事を残しています。このように学問に秀でた家系と環境のなかで生まれ育った清少納言は、おさないころから和歌や漢学を学びました。そのころ、漢籍（中国の本）や仏典（仏教の教えをといた本）を読める女のひとはめったになく、清少納言や紫式部はほんとうにめずらしい存在でした。そのため関白藤原道隆は清少納言を娘の定子に仕えさせました。
　清少納言は16、7歳のころに橘則光と結婚し、翌年に則長を生んでいます。早い結婚のように思われますが、当時、10代の結婚はふつうでした。しかし、この結婚は10年ほどして破局を招いています。どちらかといえば武勇にすぐれていた則光と、文学好みの清少納言とでは性格があわなかったのかもしれません。
　一条天皇の中宮定子に仕えるのは、離婚して２年のちのことです。28歳前後であったと思われます。
　清少納言の機知にとんだエピソードは『枕草子』にも書かれておりよく知られていますが、男のひとをものともしない、実にどうどうとしたところがあります。ひっこみじあんでいつも人目を気にしていた紫式部とは好対照です。

　ある雪の降り積もった日、中宮定子が言いました。
「少納言よ、香炉峰の雪はどんなでしょうね」
　すると、清少納言がさっと立ちあがり、すだれを高くまき上げたので、定子はにっこり笑いました。
　中国の白楽天という人の詩のなかに「香炉峰の雪は、すだれをかかげて見る」という句があったからです。
「さすがは清少納言だ。学問のある中宮さまにお仕えするにはまったくふさわしいお方だ」
　まわりの者は清少納言をほめたたえました。
　関白藤原道隆が亡くなったあとも、落ちめになった定子をいたわり、励まし、清少納言は真心をもって仕えました。定子が25歳で亡くなると、つぎの中宮になっていた彰子に仕えてほしいという道長の頼みをふりきり、宮廷をしりぞきました。
『枕草子』には、このころのことが随筆風に記されています。

藤原頼道 (992—1074)

藤原頼道は、藤原氏の勢いを最もさかんにした道長の長男として生まれ、父の力のおかげで、20歳前後に権中納言から権大納言へ、さらに25歳のときには内大臣へと、おどろくほどの早さで出世しました。そして、内大臣になった同じ年に、父から摂政の位をゆずり受け、2年のちには、父もならなかった関白の地位につきました。

頼道は、こうして27歳の若さで、天皇を助けながら国のすべての政治をおこなう権力をにぎり、そののちおよそ50年のあいだ摂政と関白の地位をひとりじめして、藤原氏の権威を守りつづけるようになりました。

後一条、後朱雀、後冷泉の3人の天皇につかえた頼道は、国の政治を思いどおりに進めながら、いっぽうでは、荘園とよばれる自分の土地からばく大な収入をえて、ぜいたくをきわめつくした貴族生活を楽しみました。

しかし、国の政治を思いどおりにとはいっても、国を改めるような新しい政治には、ほとんどとりくみませんでした。

さいわい、頼道が関白をつとめた時代には、安房国（千葉県）で国の役所の国府が関東武士におそわれた「平忠常の乱」を除けば、朝廷をゆるがすほどの大事件も起こりませんでした。

もともと性格がおとなしかった頼道は、父の道長が残してくれた大きな権力を守りぬくことだけで、せいいっぱいだったのだろうといわれています。

そのうえ、頼道は、自分のむすめを天皇のきさきにして皇子を産ませ、藤原氏と天皇家との強いむすびつきをもたなければ

ならないという、藤原一族のための役割をになっていました。
　ところが、天皇のもとへ、むすめをとつがせても、わざわざ養女を育ててとつがせても、生まれてくるのは女の子ばかりでした。そして、ついには、藤原氏と血のつながりのうすい後三条天皇が即位して、藤原氏の運命もかたむき始めるようになってしまいました。
　60歳になった頼道は、父からゆずり受けていた宇治の別荘を平等院と改めて鳳凰堂を建て、阿弥陀如来像をまつって自分の心をなぐさめました。鳳凰堂は、これこそ極楽浄土だといわれるほど、みごとなものでした。しかし、頼道は、平等院に遊んでも、鳳凰堂で手を合わせても気が晴れないまま、やがて関白をやめると出家して、82歳で世を去りました。
　藤原氏の勢いはこうしておとろえていきましたが、平等院には、藤原氏が栄えた時代の美術がたくさん残されました。

源　義家 (1039—1106)

　源義家が、東北へ兵をだしたときのことです。兵をしたがえて馬を進めていた義家は、さっと矢をつがえて、弓をきりきりっとしぼりました。草原の上を並んで飛んでいたガンの群れが、とつぜん列をみだすのを見て、敵が草むらに待ちぶせているのをさとったからです。大将義家のようすに、けらいたちもいっせいに弓をひき、またたくまに敵を追いちらしました。

　これは、義家が兵法にすぐれていたことを伝える話です。

　源頼義の長男として生まれ、元服して八幡太郎と名のった義家は、1051年に、東北の豪族安倍頼良と貞任、宗任の親子が朝廷にそむいて「前九年の役」がおこると、わずか12歳で早くも戦にでました。

　戦いは12年にもおよび、苦戦がつづきました。父の頼義とともに敵の大軍に囲まれたこともありました。しかし、義家はどんなときもひるまず、とくいの弓で敵をたおし、出羽国（山形・秋田県）の清原氏の力ぞえをえて、1062年に安倍氏をほろぼしてしまいました。

　義家は、この戦いのてがらで出羽守に任じられ、1075年に父が死ぬと源氏の頭となって、朝廷につかえました。

　1083年、義家はふたたび東北へ兵をむけました。安倍氏のあと勢力をのばしていた清原氏が、一族どうしで争いをおこし、義家は、これを静めるために立ちあがったのです。

　あるときは深い雪に道をとざされ、あるときは食べものがなくなり「前九年の役」のときよりも、もっと苦しい戦いがつづきました。義家は、剛臆の座を考え、その日の戦いで勇気をふ

るったものは剛の座に、臆病だったものは臆の座にすわらせて、兵をふるいたたせました。でも、寒さにこごえ死にそうな兵がいれば、ひとりひとり声をかけて、いたわってやったということです。戦いは４年ごに、義家の勝利で終わりました。

　義家は、けらいのことをいつも思いやりました。のちに「後三年の役」とよばれるようになった、この戦いのあと、朝廷は「義家は、ほんとうは清原氏の争いを静めるよりも、自分の勢力をのばしたかったのだ」と考えて、義家に、なんの恩賞もあたえませんでした。すると義家は、自分の財産をなげだして、けらいたちにほうびを分けあたえたということです。

　義家のやさしさに、けらいたちはなみだを流して感激しました。そのうえ、義家をしたう武士たちが、ますますふえ、源氏の力は関東一を誇るようになりました。源頼朝が鎌倉に幕府を開いたのは、義家が亡くなって、およそ80年ごのことです。

鳥羽僧正 (1053—1140)

　すもうをとって、カエルに投げとばされているウサギ、衣をまとい、和尚になりすまして、ごちそうをいただいているサル。このほか、馬、牛、キツネ、イノシシ、ニワトリなど、さまざまな動物たちを、まるで人間のようにえがいた『鳥獣戯画』。
　鳥羽僧正は、このめずらしい絵をかいたといわれている、平安時代の終わりのころの僧です。
　僧正は、朝廷につかえる公家の家に生まれ、幼いうちに出家しました。そして、天台宗の園城寺で修行をつんで、26歳のとき法橋の位を受けました。年老いてからは、さらに法印、大僧正の位にまでのぼり、85歳のときには天台宗をとりしまる延暦寺の座主にまでなりました。僧としてのほんとうの名は覚猷といいましたが、京都の鳥羽離宮内の寺に長く住んだことがあることから、鳥羽僧正とよばれるようになったのです。
　僧正は、僧として高い知識をそなえていただけではなく、仏像画をかくことにも、すぐれていました。また、のちに鳥羽絵として流行するようになった、世の中をひにくったこっけいな絵をかくことも、じょうずでした。
　あるとき、米俵が風に吹かれて飛んでいる絵をかきました。すると、上皇から、絵の意味をたずねられました。重い米俵が飛んでいるのがふしぎだったからです。僧正は答えました。
「寺にとどけられる俵に、ぬかをたくさんつめたものがあります。だから、俵は目をはなすと、空に舞いあがってしまいます」
　この話を笑いながら聞いた上皇は、俵に米をつめるときに不正がおこなわれていることをさとって、すぐに役人をいましめ

たということです。鎌倉時代の説話集に残っている話です。
　僧正が50歳をすぎたころから、延暦寺や興福寺などの大きな寺で、たびたび、権力をめぐって僧たちの争いが起こりました。そのため、おおくの僧は修行をおこたり、仏教の世界はみだれてしまいました。
　『鳥獣戯画』も、このような社会をひにくったものだろうといわれています。サルの僧が、たくさんのみつぎものをもらっている絵などには、貴族と僧のだらくに対する、するどいひはんがこめられています。
　しかし、この『鳥獣戯画』が、ほんとうに鳥羽僧正の手でえがかれたものかどうか、はっきりはしていません。でも、この絵巻ものが、墨の線だけでえがいた、すぐれた日本画であることにはまちがいなく、いまは国宝として、京都の高山寺に保存されています。

「読書の手びき」

藤原道長

藤原氏は、中臣氏と称していた鎌足が、大化の改新の功によって天智天皇から藤原朝臣の姓をさずけられたのが始まりです。そのごは、皇室と姻戚関係を保ちながら皇室の権威を背景にして栄え、鎌倉時代に武士の勢力が強くなってからは、しだいに衰えはしたものの、その家系は江戸時代の終わりまで、なんらかの形で国の政治に強くかかわってきました。ひとつの氏族が1000年以上も国の政治とむすびついて続いてきた例は、世界史のなかでもめずらしいことだとされています。道長は、その藤原氏の最盛期に生きたわけです。3人のむすめを天皇のもとへ嫁がせ、朝廷の重要な官位をすべて一族で独占して天皇を自由にあやつり、政治の権力をほしいままにしました。また、公地公民制を基礎とする律令制をくずして大きな土地を私有化し、その荘園から吸いあげたばくだいな金によって、まさに生きながら極楽浄土にいるような栄華を楽しみました。そして、52歳で出家してからは、金色に輝く法成寺を建立し、来世へも極楽浄土の夢をつないで死んでいきました。日本の歴史のなかで、これほど思いあがって生きた政治家は、きっと、ほかにはいないでしょう。しかし道長は、日本史に大きく名をとどめています。それは、貧しい人びとへの政治には力をつくさなかったという批判はあっても、摂政政治によって藤原時代の全盛期をきずいたからです。藤原時代には、藤原氏の栄華がもとになって、浄土芸術をはじめ彫刻、絵画、建築などの優美な芸術が発達しました。

紫式部

紫式部が書きのこしたものには『源氏物語』のほかに、『紫式部日記』と家集『紫式部集』があります。式部は無口でひかえめだったと伝えられていますが、日記には赤裸々な式部の素顔がのぞいています。宮廷にあがった式